दिल के कागज़

www.anujulka.com

www.authoranujulka.com

Instagram   Anu_Julka

दिल के कागज़

अनु जुल्का

अनुक्रमणिका

प्रस्तावना

"दिल के कागज़"

दिल एक नाज़ुक कागज़ की तरह है, जिस पर ज़िंदगी के अनगिनत रंग बिखरे होते हैं। इस पुस्तक में संगृहीत कविताएँ मेरे जीवन के उन्हीं रंगों को शब्दों में पिरोए हैं। इसमें दिल की गहराइयों से निकले भाव, प्रेम, उम्मीद, दर्द, और खुशियों के पलों को कविताओं के माध्यम से व्यक्त किया गया है। जीवन एक सफर है, जहाँ हर पल नए सवाल और नए जवाब लेकर आता है। ये कविताएँ उन सवालों और जवाबों को दिल के कागज़ पर उकेरती है, जो हमें जीवन के सच से रूबरू कराती है। दिल की नाव कागज़ की तरह नाज़ुक है, इसे बहते पानी में नहीं छोड़ा जा सकता। यह पुस्तक उसी नाव को सहारा देने का प्रयास

है, ताकि यह जीवन के सागर में डूबे बिना अपनी मंज़िल तक पहुँच सके। इस पुस्तक में कागज़ के माध्यम से जीवन के विभिन्न पहलुओं को दर्शाया गया है। कागज़ कभी पत्र बनकर प्रेम का सन्देश ले जाता है, तो कभी अख़बार बनकर समाज की सच्चाई बयान करता है। यह कभी पतंग बनकर आसमान में उड़ता है, तो कभी नाव बनकर बारिश के पानी में तैरता है। कागज़ जीवन का एक अहम हिस्सा है, जो हर रूप में हमारे साथ रहता है। इस पुस्तक की हर कविता में जीवन के सुख-दुख, प्रेम और विरह के पलों को शब्दों में पिरोया गया है। यह पुस्तक न केवल दिल की बात कहती है, बल्कि पाठकों को अपने दिल की आवाज़ सुनने का मौका भी देती है। यह उन सभी लोगों के लिए है, जो जीवन के हर पल को महसूस करना चाहते हैं और अपने दिल के कागज़ पर उसे अमर बनाना

चाहते हैं। आशा है कि यह पुस्तक आपके दिल को छूएगी और आपको जीवन के सच्चे रंगों से रूबरू कराएगी।

अनु जुल्का

आभार

"दिल के कागज़" को पाठकों तक पहुँचाने के इस सफर में मुझे अनेक लोगों का सहयोग और प्रेरणा मिली है, जिनके बिना यह पुस्तक संभव नहीं हो पाती। सबसे पहले, मैं ईश्वर का आभार व्यक्त करना चाहती हूँ, जिन्होंने मुझे शब्दों के माध्यम से अपने भावों को व्यक्त करने की क्षमता दी। मेरे दोस्तों और प्रियजनों का भी आभार, जिन्होंने मेरी रचनाओं को पढ़ा और मुझे सही दिशा दिखाई। मैं उन सभी लोगों का आभारी हूँ, जिन्होंने इस पुस्तक को प्रकाशित करने में अपना योगदान दिया। यह पुस्तक मेरे दिल की धड़कन है, और मैं आशा करती हूँ कि यह आपके दिल तक भी पहुँचेगी।

अनु जुल्का

"कविता वह जादू है जो

शब्दों के माध्यम से दिल की गहराइयों को छू लेती है।

यह न केवल भावनाओं का आईना है,

बल्कि उन अनकही कहानियों की साथी है,

जो हर पल हमारे साथ चलती हैं।

हिंदी कविता सिर्फ अक्षरों का मेल नहीं,

बल्कि वह सांसों में बसी एक लय है,

जो हर दिल को अपनी ओर खींच लेती है।"

अनु जुल्का

दिल के कागज़

दिल के कागज़ पे उकेरे हैं रंग,

कुछ गहरे, कुछ हल्के,

कुछ अनजाने से संग।

हर लकीर में बसी है

एक दास्ताँ,

खुशियों के गीत,

गम का फ़साना।

कभी चांदनी रातों में

खिले ख्वाब,

कभी तन्हाई में

टूटे हुए खत।

ये दिल बनता है

एक साथी सच्चा,

हर मोड़ पर देता है

साथ अटूट।

दिल के कागज़

पे लिखी हर पंक्ति,

एक नई उम्मीद,

एक नई प्रतीक्षा।

ये ज़िंदगी का

सफर है अनोखा,

हर पल में छुपा है

एक नया रंग।

अनु जुल्का

शाम

गर्मिओं की शाम में

मुझे सब याद है

आप को याद हो न हो

क्या पाया क्या खोया !

आप को ख्याल हो न हो

मुझे सब एहसास है

न कोई कसमें खायी

न कोई वादे किए !

बस आधी रात के बाद

अपने अपने रास्ते चल दिए

बहुत ही मधुर यादें साथ लिए

हम आप से अलग हुए !

आप को एहसास हो न हो !

गर्मिओं की शाम में

मुझे सब याद है

आप को याद हो न हो!

अनु जुल्का

क्या होती बात !

तुम चलते मैं चलती

हम चलते

साथ चलते जज़्बात

तो फिर क्या होती बात !

तुम रहते मेरे साथ

चाहे वो होती पूर्णिमा की रात

या फिर अमावस्या का अन्धकार

बस

तुम चलते मैं चलती

हम चलते

साथ चलते जज़्बात

तो फिर क्या होती बात !!

काश ऐसा होता

गाँव की कोई गली होती

या होता कोई शहर

या फिर होता गंगा का किनारा

चाहे होता कोई गुरुद्वारा

या होता फिर ठाकुर जी का द्वारा

बस

तुम चलते मैं चलती

हम चलते

साथ चलते जज़्बात

तो फिर क्या होती बात !!!

तुम तो हो मेरी मंजिल

काश तुम्हारी मंजिल का रास्ता भी

मुझ तक ही होता

तो क्या होती बात ....

तो क्या होती बात..

तुम चलते मैं चलती

हम चलते

दिल के काग़ज़ अनु जुल्का

साथ चलते जज़्बात

तो फिर क्या होई बात !!!

अनु जुल्का

दिल के काग़ज़ अनु जुल्का

साथ चलते जज़्बात

तो फिर क्या होई बात !!!

अनु जुल्का

ज़िंदगी

बिखरते ख्वाब देखे,

सिसकते जज़्बात देखे,

रूठती हुई खुशियाँ देखी,

रिश्तों कि उलझन देखी,

अपनों कि बेरुखी देखी ,

नाकामीयों के मंज़र देखे,

ना उमीदी के समंदर देखे,

एक ज़िन्दगी ने

हज़ारों ख्वाहिशों को मरते देखा

प्यार को नफ़रत में बदलते देखा,

अपने अस्तित्व की ज़दोज़हत को देखा

जब भी चाहा अपने हिस्से का आसमान तोह

दिल के काग़ज़   अनु जुल्का

अपने इर्द गिर्द सिमटते दायरों को देखा,

एक ज़िन्दगी ने ....

अनु जुल्का

रिश्ता मजबूरी का

अगर फूल का खुशबू से नाता है मजबूरी का

तो हाँ, हाँ ! तुम मेरी मजबूरी हो !

अगर सूरज का रौशनी से नाता है मजबूरी

का तो हाँ, हाँ! तुम मेरी मजबूरी हो !!

अगर साँसों का शारीर से नाता है मजबूरी का

तो हाँ , हाँ ! तुम मेरी मजबूरी हो !!!

अगर चाँद का चाँदनी से नाता है मजबूरी का

तो हाँ, हाँ ! तुम मेरी मजबूरी हो !!!!

अगर समंदर का गहराईओं से नाता है मजबूरी का

तो हाँ, हाँ! तुम मेरी मजबूरी हो !!!!!!

अगर आसमान का ऊँचीयों से नाता है मजबूरी का

तो हाँ, हाँ! तुम मेरी मजबूरी हो !!!!!!!!

अगर जीवन का मृत्यु से नाता है   मजबूरी का

तो हाँ,   हाँ! तुम मेरी मजबूरी हो !!!!!

अनु जुल्का

मैं तुम्हें याद करती हूँ

जब सुबह होती है

मंदिर की घंटियों कि आवाज़ सुनाई देती है

मैं तुम्हें याद करती हूँ.

जब सूरज धीरे धीरे अन्धकार को मिटाता है

मैं तुम्हें याद करती हूँ.

जब स्वर्ण सी धुप खिलती है

मैं तुम्हें याद करती हूँ.

फिर दिन जब रंग बदलता है

मैं तुम्हें याद करती हूँ.

जब बादल घुमड़ कर आते हैं और

अपने आंसू बरसाते हैं

मैं तुम्हें याद करती हूँ.

जब हवाएं चलती हैं

तुम क्यूँ नहीं हो साथ मेरे पूछती हैं

मैं तुम्हें याद करती हूँ.

उन हसीं लम्हों को

तुम्हारी आवाज़ को

तुम्हारे साथ को

तुम्हारे सुन्दर चेहरे को

तुम्हारी बोलती आँखों को

मैं याद करती हूँ.

तुम्हारा चलना

आँखें बंद कर के जागना

मुझे पास न पा कर रोना

मैं याद करती हूँ.

तुम्हारा घर से जाना और

सदियों तक लौट कर न आना

मैं याद करती हूँ.

पूर्णिमा की रात

जब हम थे साथ

मैं याद करती हूँ.

हर पल ,हर लम्हा

मैं तुम्हें याद करती हूँ.

अनु जुल्का

जब तुम नहीं होते हो

चाय की चुस्कियाँ कहीं खो जाती हैं

जब तुम नहीं होते हो ।

ज़िन्दगी की रंगीनियाँ फीकी पड़ जाती हैं

जब तुम नहीं होते हो !

ये फूल , ये कलियाँ मुरझा जाती हैं

जब तुम नहीं होते हो !

शाम का धुंधलका हो जाता है और भी गहरा

जब तुम नहीं होते हो !

सुबह की ताजगी भी दिल को उदास कर जाती है

जब तुम नहीं होते हो !

सर्दियों की धुप भी लगती है चटक

जब तुम नहीं होते हो !

तुम्हारी यादें सहारा तो बन जाती हैं

लेकिन हर बार ये रुला जाती हैं

जब तुम नहीं होते हो !

अनु जुल्का

जब से तुम गए

जब से तुम गए हो

घर का मुख्य द्वार

अकेला, उदास खड़ा

कर रहा है तुम्हारा इन्तजार

घर की सीढ़ियां

तुम्हारे कदमो को चूमने के लिए है बेकरार

घर का वो कमरा

जो तुम्हें है सब से प्यारा वो भी

सूनेपन से हो गया है बेज़ार

कमरे की दीवारें

तुम्हारे नहीं होने का ज़िक्र करती है

बार बार

यह दीवारें, यह कमरा, यह घर

सब है बेजान

लेकिन

जानती हूँ मैं

इनको भी है तुमसे प्यार

तभी तो

तुम्हारे जाते ही हो जाते हैं उदास , बेहाल, वीरान

और करते हैं इन्तजार तुम्हारा

तुम्हारे जाने से तुम्हारे लौट आने तक!

जब से तुम गए हो........

अनु जुल्का

सितारे

कवि कहते हैं जिसने भी मोहब्बत की

वो आसमान के सितारे हुए

तो मेरे विचार से

मोहब्बत कर आसमान के सितारे हुए

तभी तो ज़मीन पर रहने वालों से दूर हुए

देखने पर तो लगे साथ चलते हुए

लेकिन असल में अपना अलग ही मुकाम लिए हुए

यूँ हम एक दूसरे के साथ हुए...

अनु जुल्का

प्यार

मैंने तुम्हें अपना सर्वस्व दिया

इतना प्यार किया कि ख़ुद को

भुला दिया

हर रिश्ते में बस तुम्हें ही खुदा बना लिया

और तुम ने

मुझे कहीं अपनी बर्बादी का तो कभी

अपने की मौत का जिम्मेवार ठहरा दिया

बहुत ही आसानी से कई दिन पहले

अपना रास्ता अलग कर लिया

फिर अकेले चलते चलते थक गए

तुम तो

तुम्हारी तन्हाई का इल्जाम भी

मुझे दे दिया

मेरी चाहतों का असर

अब तुम्हें दिखने लगा कम

तो उस का भी दोषी मुझे ही बना दिया

जो कभी ख्वाब में भी देखा नही

उस गुनाह का भागीदार मुझे बना दिया

लफ्जों ने तुम्हारे इतने जखम दिए कि

इक इंसान को पत्थर बना दिया!

अनु जुल्का

तुम

यहाँ तुम वहाँ तुम

इधर तुम उधर तुम

जहाँ देखूं बस तुम ही तुम

गलियिओं में तुम

सडकों पर तुम

रास्तों में तुम

मेरी सोच में तुम

मेरी विचार में तुम

मेरी हर साँस में तुम

जहाँ भी जाती हूँ

मुझ से पहले

पहुँच जाते हो तुम

फ़िर भी न जाने कहाँ

गुम् जाते हो तुम

मेरी उदासियों में तुम

मेरी खामोशियों   में तुम

मेरी परेशानियों में तुम

मेरी ख़ुशियों   में तुम

मेरा जूनून हो तुम

मेरी ज़िन्दगी हो तुम।

अनु जुल्का

न जाने क्यों

ना जाने क्यों
सुलझा नहीं सके हम

वो जो छोटी ही उलझाने थी

वो जो बस छोटी सी ही आशाएं थी

बहुत ही कम चाहतें थी

मैं तुम्हें पा कर और

तुम मुझे पा कर कितने खुश थे

चाहे छोटी ही राहतें थी

उमीदें भी छोटी ही थी

और पंख फैलाने के लिए आकाश भी कम था

फ़िर भी न जाने क्यों !

अनु जुल्का

अचानक

अचानक कहीं से एक

तूफ़ान सा आ जाता है

जो मेरे मन को

मेरे शरीर से अलग कर देता है

मैं तिनके को सहारा समझ उसी के साथ हो लेती हूँ

लेकिन तूफ़ान के बहाव में

वो भी तीव्रता से आगे बड़ जाता है

और मुझे बेसहारा छोड़ जाता है

गहराई में डूबने के लिए

ज़िन्दगी से झूझने के लिए

ख़ुद से ही लड़ने के लिए

अपने अस्तित्व को बचाए रखने के लिए

अचानक कहीं से एक ....   अनु जुल्का

यूँ ही

यूँ ही बिन मतलब

सड़कों पर चलना

कितना मुश्किल लगता है

न कोई मंजिल न कोई ठिकाना

नहीं मालूम होता जब कहाँ है जाना

तो बिन मतलब

बिन वजह सड़कों पर यूँ ही चलना

कितना मुश्किल लगता है

न रास्ता ख़तम होता है न

न ही कोई हमसफ़र साथ होता है

बस अकेले ही चलते जाना होता है

दिशा हीन होना कितना व्यर्थ लगता है

तब जब यूँ ही

बिन मतलब न जाने किस तलाश में

मन भटकता होता है

यूँ ही सड़कों पर चलना.....

अनु जुल्का

रिश्ते

हमारी ज़िन्दगी

रिश्तों पर ही क्यों निर्भर रहती है

जब कि

हमेशा ही रिश्तों को

टूटते , बिखरते , रोते , सिसकते ही पाया ।

दिल हमेशा

इन के दर्द से दुखी पाया

दिल को हमेशा

इन के हाथों ही टूटते पाया

हमारे

अपने रिश्तों को

अपनों की

बाहों में ही

दम तोड़ते पाया ।

प्यार की

छाओं में पलते हैं

जो

न जाने किस

धूप में

उन्हें झुलसते पाया

कुछ को शक की

तो

कुछ नफरत की भेंट होते पाया

कुछ को नज़दीकियों की

तो

 कुछ को दूरियों की

भेंट चढ़ते पाया ।

शायद

हर रिश्ता

अपना वक्त लिखा कर आता है

इतिहास में देखा

तो

दिल के काग़ज़

बस इतना ही समझ आया।

फ़िर भी मैंने

रिश्तों को......

अनु जुल्का

आसान नहीं

ज़िन्दगी

कभी भी आसान नहीं होती है

शायद हमें

निखारने के लिए मुश्किल होती है

क्यो कि

बिना गम के भी

क्या कहीं

खुशी होती है

जिन्हें हम रूकावटे समझते हैं

असल में

वो हमारी काबलियत की पहचान होती है।

उम्मीद के रंग

भरने की कोशिश में

यह और बेरंग हो जाती है

ऐसा हम सोचते हैं

लेकिन समझ नहीं पाते कि

यह तो हमारा

शत प्रतिशत हम से मांगती है

और हम हैं कि

इस से ही शिकायत करते हैं

शायद

हम अपना शत प्रतिशत में असफल रहते हैं

इसी लिए सोचते हैं कि

ज़िन्दगी कभी भी आसान नहीं होती है.......

अनु जुल्का

हक है मुझे

उड़ो

तुम जरा बस उड़ने की कोशिश तो करो

पंख

तुम्हारे मैं काटूँगा।

क्यों कि

हक है मुझे ।

हसो तो सही तुम;

मैं तुम्हें खून के आंसू रुलाऊँगा

क्यो कि

हक है मुझे।

तुम नदी सी

बहने की कोशिश तो करो

बाँध

दिल के काग़ज़अनु जुल्का

तुम पर मैं बनाऊंगा

क्यो कि

हक है मुझे।

जरा सी भी चंचलता करो

तुम पर चपला बन कर मैं बरसूँगा

क्यो कि हक है मुझे

मैंने पूछा किस ने दिया यह हक तुम्हें

तो जवाब ख़ुद से ही मिल गया

कि मेरे कई रूप हैं

पिता हूँ भाई हूँ पति हूँ दोस्त हूँ बेटा हूँ

और तुम

तुम तो अबला हो नारी हो

इस लिए यह हक है मुझे...

अनु जुल्का

इच्छा

तुम आसमान हो

और

मैं

तुम्हें पाने की

इच्छा रखती हूँ ।

मैं

तुम्हें भी पाना चाहती हूँ ।

और

अपने पाँव के नीचे की

धरती

भी नहीं छोड़ना चाहती हूँ ।

तुम

दिल के काग़ज़   अनु जुल्का

अपनी ऊंचाई से मजबूर

और मैं

अपनी लाचारी से लाचार

तुम्हें मन की आंखों से निहारा करती हूँ ।

ज़िन्दगी से रोज़ न जाने कितने

समझौते करती हूँ ।

ख़ुद को किसी तरह जिंदा रखने की

नाकाम कोशिश करती हूँ ।

जिंदा रहना एक मजबूरी है

और ज़िन्दगी

जीना एक सुखद एहसास हैं

मैं

तो बस मजबूरी से गुजरती हूँ ।

तुम

आसमान हो

और

मैं तुम्हें......

अनु जुल्का

बूँदें

यह जो मेरी आखों के सागर से

बूँदें बह रही हैं

नहीं जानती उस के लिए हैं या

मेरे अपने लिए हैं

न जाने मुझ से क्या कह रही हैं

बस बह रही हैं

शायद उस के दर्द का असर है

जो मुझ से ब्यान कर रही हैं

और समझा रही हैं

सपनो के पीछे मत भागो

यह तो रात के मोती हैं

सुबह होते ही खो जायेंगे

तू तो व्यर्थ में चिंता कर रही है

यह जो मेरी आंखों सागर से.......

अनु जुल्का

सर्दी आई है

सर्दी आई है

पहने तुम्हारी यादों की

वर्दी आई है

लेकिन अजीब इतफाक है

साथ अपने तुम्हारी बेरुखी लायी है

कितने आधे अधूरे सपने देखने की

ऋतु यह आई है

गुनाह जो कभी किया ही नही

सजा उसकी भुगतने की बारी

अब आई है

उस पर यह सितम कि मेरी

तो ख़ुद से भी बात नहीं हो पायी है

सब कुछ इतनी जल्दी सिमट गया

दिल के काग़ज़

अनु जुल्का

कि मुझे कुछ समझ ही न आई है

मैंने तो सोची थी बहार

लेकिन यह ऋतु मेरे लिए सिर्फ़

पतझड़ लायी है

सर्दी में बहार की उम्मीद करने की

सजा मैंने पायी है

सर्दी की ऋतु आई है........

अनु जुल्का

जानते हो

जानते हो

दिन चढ़ने के साथ

सूरज भी ताकता है राह तुम्हारी

मेरे साथ साथ

लेकिन तुम हो कि आते ही नही

सूरज भी थक कर शाम को ढल

जाता है

शाम भी मेरी तरह

बुझी बुझी

करती है इंतजार तुम्हारा

लेकिन तुम हो कि आते ही नही

फ़िर तारे आ जाते हैं

मेरा साथ देने के लिए

और तुम्हारा इंतजार करने के लिए

लेकिन तुम फ़िर भी नहीं आते

चाँद भी मेरी उदासी देख कर

उदास हो जाता है और

अपना सफर तय करता है

लेकिन तुम्हारी कोई ख़बर नही

बस कुछ ऐसे ही दिन और रात

कटते रहते हैं

लेकिन तुम आते ही नही !

अनु जुल्का

मुझे याद है

मुझे याद है हर आहाट पर तुम्हारे

आने का अहसास होना

मुझे याद है तुम्हारी मुस्कराहट से

कमरे में रौशनी होना

मुझे याद है तुम्हारी हँसी में

मेरी ज़िन्दगी का होना

मुझे याद है तुम्हारी उदासी में

मेरा बेजान होना

मुझे याद है बातों में तुम्हारी

खुशी के गीत होना

मुझे याद है गुस्से में तुम्हारे

मेरे आंसुओं का सैलाब होना

मुझे याद है तुम्हारा सपर्श और

उस में मेरा समा जाना

मुझे याद है तुम्हारा उस दिन का जाना

दिल के काग़ज़   अनु जुल्का

और अब

मीलों के फासले होना !

मुझे याद है ....

                                              अनु जुल्का

इन्तजार

इन्तजार ! इंतज़ार !

सुबह में दोपहर का

दोपहर में शाम का

शाम में रात का

और रात में फ़िर से सुबह का है

इंतज़ार !!!

झूठ है सब बहाने हैं सब

जो तुम्हारी उम्मीद में

दिल ने बनाने हैं अब !

अनु जुल्का

अनु जुल्का

नहीं गवारा मुझे

तुम्हारा यूँ ही हर किसी से मिलना मिलाना

नहीं गवारा मुझे

तुम्हारा यूँ ही हर किसी को अपना समझना

नहीं गवारा मुझे

तुम्हारा यूँ ही नए रिश्ते जोड़ना लोगों से

नहीं गवारा मुझे

तुम्हारा यूँ मुझ से बढ कर समझना

नहीं गवारा मुझे

तुम्हारा यूँ ही किसी गैर के लिए एक पल में

मुझे छोड़ कर जाना

नहीं गवारा मुझे...

अनु जुल्का

आख़िर क्यों

यह कैसी नज़दीकियाँ हैं

जो दूरीयाँ बनती जाती हैं

यह कैसी ख्वाहिशें हैं

जो मजबूरीयाँ बनती जाती हैं

उस पर आलम यह कि

मैं इन सब को झेला करती हूँ

इन सब से गुज़रा करती हूँ

और अक्सर सोचा करती हूँ

आख़िर क्यो ?

अनु जुल्का

रास्ते

सोये हैं रास्ते

महसूस होता है कि

मंजिल पाने कि उम्मीद में

थक हार कर बैठ गए हैं

थम गए हैं

रुक गए है

मुसाफिर तो इन पर चल कर

मंजिल पा लेते हैं

लेकिन रास्तों का क्या

जो सब दर्द अकेले सहते हैं

कितने लाचार हैं

न आंसू बहा सकते हैं

न अपना दर्द किसी से बाँट सकते हैं

शायद इसी लिए आज रास्ते

सोये हैं

महसूस होता है...

अनु जुल्का

तुम्हारी अनुपस्थति में

वही रास्ते हैं

लकिन कुछ लंबे हो गए हैं

तुम्हारी अनुपस्थिति में ।

वही मंजिलें हैं

लेकिन कुछ दूर हो गई हैं

तुम्हारी अनुपस्थिति में ।

वही पौधे हैं

लेकिन अब पेड़ बन गए हैं

तुम्हारी अनुपस्थिति में ।

वही नज़रें हैं

लकिन नजारे बदल गए हैं

तुम्हारी अनुपस्थिति में ।

वाही रातें हैं

लेकिन सपने खो गए हैं

तुम्हारी अनुपस्थिति में।

वही मैं हूँ

लेकिन मेरे होने के मायने बदल गए हैं

तुम्हारी अनुपस्थिति में ।

अनु जुल्का

सपने

तन्हाईओं में अपने हैं जो

कुछ टूटे कुछ बिखरे हैं वो

तेरी मेरी आखों के सपने हैं जो

कुछ गैर तो कुछ अपने हैं वो

रातों को साथ साथ चलते हैं जो

यादों के छोट्टे छोटे साए हैं वो

मेरे साथ तेरे साथ चल के आए हैं जो

तन्हाईओं में अपने हैं जो

कुछ टूटे तो कुछ बिखरे हैं वो...

अनु जुल्का

याद है

कुछ साल पहले

मैं और तुम

हाथ में डाले हाथ

सड़क पर गिनती गिनते गिनते

चलते थे

पहले सुबह में और फिर दोपहर में

बिना मतलब चला करते थे

और गिनती गिना करते थे

गिनती शुरू होती थी हमेशा दो से

मैं दो बोलती तुम तीन

मैं तीन बोलती तुम चार

ऐसा ही क्रम चलता रहता था

जब क्रम टूटता तो हम कहते एक वार और।

लकिन आज मैं उन्ही सड़कों पर अकेली चलती हूँ

खाली हाथ बस तुम्हरी यादों के साथ

मैं दो बोलती हूँ तो तीन की आवाज़ दिल से ही आ जाती है

तुम शायद तेज़ चलने की आदत से मजबूर हो

और मैं एक जगह ठहराव चाहती हूँ

इसी लिए मैं आज अकेली उन्ही सडकों पर अकेली चलती हूँ

इसी उम्मीद में की शायद तुम कहीं से आ जाओ

और गिनती क क्रम को आगे बढाओ.....

कुछ साल पहले.....

अनु जुल्का

अच्छा हो

कुछ बातें रह जाएँ अनकही

तो अच्छा हो !

कुछ राज़ राज़ ही रह जाएँ

तो अच्छा हो !

कुछ बात ना हो फ़िर भी सब कह दिया जाए

तो अच्छा हो !

तुम्हारा साथ बस मेरा ही बन कर रह जाए

तो अच्छा हो !

दिल का दर्द अगर दिल में ही रह जाए

तो अच्छा हो !

अनु जुल्का

यादों के फूल

यादों के फूल बिखरे बिखरे से हैं

ख़्यालों के डोरे उल्झे उल्झे से हैं

कुछ लफ्ज जो लिखे

गुम गुम से हैं

रास्ते जिन पेर हम साथ चले

सुन सान से हैं

फूल पत्ते और पेड़

सब बेजान से हैं

तुम्हारे मेरे साथ नहीं होने से

परेशान से है

यादों के फूल ...

अनु जुल्का

कैसे

शब्दों पर हक कैसे जताए

जो कहना है कैसे कहते जाए

मन जब थक जाता है तो

शब्द भी बुझ से जाते हैं

बिना कहे इतना सुन लेते हैं

मौन रह कर भी सब की नज़र में आ जाते हैं

अपनापन आज की दुनिया में कहाँ पाते हैं

ऐसे में शब्दों पर हक कैसे जताए ...

अनु जुल्का

लम्हा लम्हा

याद तुम्हारी आए

लम्हा लम्हा

आकर बहुत सताए

लम्हा लम्हा

प्यार तुम्हारा रुलाये

लम्हा लम्हा

दर्द बरता ही जाए

लम्हा लम्हा

जानते हो तुम बिन

जान निकलती जाए

लम्हा लम्हा

आसुओं का सैलाब उमर्ता जाए

लम्हा लम्हा

दिल दर्द में डूबता जाए

लम्हा लम्हा।

अनु जुल्का

मैं तुम्हें याद करती हूँ

जब सूरज उगता है

स्वर्ण सी धूप छा जाती है

जब सूरज ढलता है

लालिमा आकाश में आ जाती है

मैं तुम्हें याद करती हूँ

जब समय चलता है

लम्हे भागते है

दिन रंग बदलता है

मैं तुम्हें याद करती हूँ

उन अनजाने पलों को

तुम्हरी बोलती आखों को

मुस्कुराते चेहरे को

दिल के काग़ज़   अनु जुल्का

तुमाहरी आवाज़ को

तुमाहरे साथ को

मैं याद करती हूँ

तुमहरा आखें बंद कर के   जागना

मुझे पास न पा कर रोना

हमेशा हर पल मैं तुम्हें याद करती हूँ

जब चाँद आकाश में आता है

अपनी चाँदनी बिखराता है

मैं तुम्हें याद करती हूँ।

अनु जुल्का

तुम से

मेरे सवाल भी तुम से हैं

मेरे जवाब भी तुम से हैं

मेरी ज़िन्दगी भी तुम से है

मेरी साँसे भी तुम से हैं

मेरा लगाव भी तुम से है

मेरी जुदाई भी तुम से है

बात तो बस इतनी सी है कि

मेरा अस्तित्व ही तुम से है ।

अनु जुल्का

प्यार का नाता

प्यार का नाता हमारा

है कितना प्यारा!

ज़िंदगी के हर मोड़ पर

मिल रहा वीरानियों को सहारा!

प्यार का नाता हमारा

है कितना प्यारा!

पूर्णिमा की रात में

चाँद की चाँदनी में

में ढूँढती हूँ तुम्हें!

आज मेरी कामनाओं ने तुम्हें

कितना है पुकारा!

प्यार का नाता हमारा

है कितना प्यारा!

दूर होकर भी मेरा प्रकाश हो तुम

दिल के काग़ज़ अनु जुल्का

प्रेरणा शक्ति हो,

प्रेम की अनुभूति हो!

चाहती हूँ कि गुनगुना लो तुम भी

यह गीत है

मेरा तुम्हारा!

प्यार का नाता हमारा

है कितना प्यारा!

अनु जुल्का

हम अतरंगी दोस्त

विद्वान भी हैं और नादान भी

हम साथ भी हैं और दूर भी

इक दूसरे के लिए हैं मूल्यवान भी।

हक़ीक़त भी हैं और ख़्याल भी

बंधन भी है लेकिन प्रेम का।

आज़ादी भी है

हँसने की, रोने की, गाने की, कुछ भी करने की।

अपनी बेवकूफ़ियाँ भी बड़ी शान से लेते हैं हम

और प्रवचन भी तो खूब देते हैं हम।

एक दूसरे पर गर्व भी करते हैं।

ऊँचाइयों के पार जाने के सपने

भी साथ साथ देखते हैं

हम

थोड़ा ज़्यादा ही attitude रखते हैं।

आख़िर क्यू ना रखें?

बहुत मेहनत से कमाया है जनाब।

ज़िंदगी को ढोना नहीं जीना जानते हैं

हम हर हाल में मुस्कुराना जानते हैं।

कुछ तो बात है हम में

पूर्णिमा के चाँद भी हैं और अमावस्या की रात भी।

चाँद की चाँदनी से शीतल भी हैं

और सूर्य की रोशन से तेजस्वी भी हैं

हम अतरंगी दोस्त।

अनु जुल्का

ए ज़िंदगी

क्या सोचूँ

क्या कहूँ

क्या लिखूँ

ए ज़िंदगी

तुझे कैसे संभोदित करूँ?

सफ़र कहूँ

जिस की दूर हैं मंज़िलें

लम्बे हैं रास्ते

या

पहेली कहूँ

जिसे सुलझाना है दूसरों के वास्ते

या

खेल कहूँ

दिल के काग़ज़   अनु जुल्का

जिस के अपने नियम है और

अपने है क़ायदे

या

प्रेम कहूँ

जो अधूरा है

जो जीने के बदलदे मायने

या

तोहफ़ा कहूँ

जो ख़ास होने का एहसास दे

या

संघर्ष कहूँ

जिस का कोई अंत नहीं

ए ज़िंदगी...   अनु जुल्का

क्या बात है!

मैं लिखूँ

और

तुम पढ़ो तो क्या बात है!

मैं याद करूँ

और

तुम्हें हिचकी आए तो क्या बात है!

मैं सोचूँ

और

तुम्हें समझ में आ जाए तो क्या बात है!

मैं चुप रहूँ

और

तुम मेरे दिल की बात जान लो

तो क्या बात है!

मैं फूल सी बनूँ

और

तुम ख़ूशबू बन जाओ तो क्या बात है!

मैं ख़ाली कैन्वस हूँ

और

तुम ज़िंदगी के रंग भरो तो क्या बात है!

मैं तुम्हें पुकारूँ

और

तुम दौड़े चले आए तो क्या बात है !

अनु जुल्का

मैं और तुम

मैं एक सपना हूँ, तुम जागृति हो,

मैं एक राह हूँ, तुम मंज़िल हो।

मैं धुंधली सी चाँदनी , तुम चमकती रात,

मैं एक सवाल, तुम जवाब हो साथ।

मैं गीत का बोल, तुम संगीत की धार,

मैं एक आशा, तुम उम्मीद बेज़ार।

मैं खोया हुई सी , तुम मेरा सहारा,

मैं अधूरी सी , तुम मेरा पूर्ण प्यारा।

मैं आँधी हूँ, तुम शांत बयार,

मैं अंधेरा हूँ, तुम उजाला अपार।

मैं एक सीमा, तुम अनंत का ज्ञान,

मैं एक क्षण, तुम मेरा समय अमान।

मैं और तुम, दोनों मिलकर एक,

जैसे धरती और आसमान विवेक।

मैं बिना तुम, अधूरी हूँ,

तुम बिना मैं, बस एक सपना हूँ।

अनु जुल्का

क्यों

क्यों?

बादलों के पीछे

छुपा है चाँद

और चाँदनी भी

उदास है।

इस उदासी में

छिपा ऐसा क्या राज़ है?

पूर्णिमा को भी

चाँद लगता नाराज़ है।

मेरे सवालों का आख़िर

किस के पास जवाब है?

संदेश देना

खुशिओं का उसको

जो नहीं मेरे पास है।

बस यही मेरी

एक फ़रियाद है।

क्यों?

बादलों के पीछे

छुपा चाँद है?

अनु जुल्का

भीगी सी आँखें

भीगी सी आखों में

    भीगा हुआ दर्द है तुम्हारा।

चाहा था ज़िंदगी में बस

    इक साथ ही तो तुम्हारा।।

रुकी थी मोड़ पर

    इंतज़ार किया था तुम्हारा।

लेकिन ठहराव शायद

    स्वभाव नहीं था तुम्हारा।।

अनु जुल्का

सुबह होती है

सुबह होती है, शाम होती है,

तेरी यादों के साये में

उमर तमाम होती है।

जीवन का यह सिलसिला

चलता रहता है।

खुशियों के पल, गम की छाँव,

यही तो है जीवन का नाम।

सूरज निकलता है, चाँद छुप जाता है,

समय के साथ सब कुछ बदल जाता है।

पर दिल के काग़ज़ पर लिखी बातें,

वही रहती हैं, वही याद आती हैं।

सपने बुनते हैं, टूट जाते हैं,

फिर नए सपने जन्म लेते हैं।

जीवन की इस धूप-छाँव में,

हर पल एक नई कहानी लिखते हैं।

सुबह होती है, शाम होती है,

जीवन का यह सिलसिला चलता रहता है।

खुशियों के पल, गम की छाँव,

यही तो है जीवन का नाम।

अनु जुल्का

सुनो मेरी बात

सुनो मेरी बात

आओ मेरे पास

दो पल बैठो तो सही।

कुछ अपनी कहो

कुछ मेरी सुनो तो सही।

ज़िंदगी के दुःख सुख

मेरे साथ भी बाँटो तो सही।

कैसे गुज़रे हिज्र के दिन

कितनी लम्बी थी

जुदाई की रातें

कुछ बोलो तो सही।

ये आँखें कितना

करती है इंतज़ार

तेरे दीदार का

बताने का वक्त दे तो सही

सुनो मेरी बात

आओ मेरे पास

दो पल बैठो तो सही।

अनु जुल्का

तेरे बिना

तेरे बिना मेरा जीवन

भी क्या जीवन होगा?

जैसे बिना चाँद आसमाँ होगा।

धड़केगा नही सुलगेगा दिल मेरा

जब तू क़रीब नही होगा।

तब सिर्फ़ दर्द से ही मेरा रिश्ता होगा।

तेरे बिना मेरा जीवन

भी क्या जीवन होगा?

जैसे खूशबू बिना फूल होगा,

बस कुछ ऐसा ही मेरा जीवन होगा।

एक अधूरी सी चाहत

एक सूनापन होगा।

तेरे बिना मेरा जीवन

दिल के काग़ज़   अनु जुल्का

भी क्या जीवन होगा?

                                                      अनु जुल्का

कौन से

यह कौन से बंधन हैं

जिन्हें मैं खोल नहीं पाती हूँ।

यह कौन सी मजबूरिया हैं

जो मैं तुम्हें मिल नहीं पाती हूँ।

यह कौन सी दूरियां हैं

जिन्हें मैं तय नहीं कर पाती हूँ।

यह कौन से गीत हैं

जिन्हें मैं गा नहीं पाती हूँ ।

यह कौन सी जज़्बात हैं

जिन्हें शब्दों में ब्याँ नहीं कर पाती हूँ।

अनु जुल्का

इलज़ाम हम पर जिन्होनें लगा दिए

अपने गुनाह छुपाने के लिए ।

जलते हैं हमारी आँखों के दीये

उन्हीं का दीदार पाने के लिए ।।

अनु जुल्का

ना जाने क्यों

ना जाने क्यों हर शाम उदास सी हो गयी है

बहार में भी मेरी ज़िन्दगी वीरान सी हो गयी है।

जिस पल से मैंने जीने कि ख्वाहिश छोड़ दी है

उस पल से मौत भी मुझ से नाराज़ हो गयी है।।

अनु जुल्का

चाहा ही नहीं

उस ने चाहा ही

नहीं

फैसले तो मेरे हक में भी हो सकते थे ।

आंसू मेरे

उसकी

आखों से बह सकते थे ।

वह समझ ही

नहीं

पाया मेरे प्यार को ।

वर्ना लफ़्ज़ों से तो

पत्थर भी पिघल सकते थे ।

साथ उसका

पानी की झील की तरह

दरिया

दिल के काग़ज़   अनु जुल्का

बनते तो हम भी

कहीं दूर तक निकल सकते थे.......

उस ने चाहा ही

नहीं

फैसले तो मेरे हक में भी हो सकते थे ।

अनु जुल्का

बदल गए मैं और तुम

मैं बदल गयी हूँ

और तुम भी।

मुझ में अब ना वो मैं हूँ

और

तुम में नही ही वो तुम।

फिर भी

ढूँढ रहे हैं

वही।

पहली सी

मैं और

पहले से

तुम।

जो हो गए हैं

वक़्त के समंदर में कहीं गुम।

अनु जुल्का

कहने को

कहने को तो तुम वाक़िफ़ हो मुझ से

लेकिन कभी एक पन्ना भी

पढ़ा है कभी?

मेरी तन्हाइयों में छिपा शोर

सुना है कभी?

मेरी मुस्कुरहटों में छिपी

आखों में नमी

महसूस की है कभी?

बिताते होगे तुम हसीन पल औरों के साथ

कितनी अकेली हूँ मैं तुम्हारे बिना

सोचा है कभी?

प्रेम में बस एक पूजा कलश नही बनना

मुझे तो तुम्हारे

दिल के कागज़   अनु जुल्का

दाहिने हाथ की कलाई पर

रक्षा सूत्र सा

बन्ध जाना है

इस समय इसी पल अभी ...

                                    अनु जुल्का

जीवन

जीवन कभी एकाकी ना लगे

कुछ तुम कहते रहो

कुछ मैं कहती रहूँ।

मैंने तुम्हें पा लिया

तुमने मुझे पा लिया

यह तो अति सुंदर हुआ।

जिसकी मुझे तलाश थी

वो एहसास तुमने दिला दिया।

अब ज़िंदगी की बहती धारा में

कुछ तुम बहते रहो

कुछ मैं बहती रहूँ।

तुम्हें नई राह चाहिए

जैसे मिले वैसे ही सही

तुम्हारी प्रगति की राह में

कुछ तुम चलते रहो

कुछ मैं चलती रहूँ।

दुःख - सुख

इसमें जो भी मिलें

कुछ तुम सहते रहो

कुछ मैं सहती रहूँ।

जीवन कभी

एकाकी नई लगे ...

अनु जुल्का

यादों में

सुबह होती है

शाम होती है

तेरी यादों के साये में

उमर तमाम होती है ।

दिल टूटता है

तेरी जुदाई के दर्द से

लेकिन आवाज़ नही होती है।।

एक भीड़ चलती है

मेरे अंदर

लेकिन एक गहरी तन्हाई होती है।।

उधते हैं हाथ हर रोज़

दुआ के लिए

लेकिन वो भी क़बूल नही होती है।।

दिल के काग़ज़   अनु जुल्का

सुबह होती है

शाम होती है।

अनु जुल्का

तेरे बिना

तेरे बिना

मेरा जीवन भी

क्या जीवन होगा?

जैसे बिना चाँद आसमाँ होगा।

धड़केगा नहीं

सुलगेगा मेरा दिल।

जब तू मेरे

क़रीब नहीं होगा।

तब

सिर्फ़ दर्द से ही

मेरा रिश्ता होगा।

जैसे खूशबू बिना फूल होगा

बस कुछ ऐसा ही

मेरा जीवन होगा

तेरे बिना

हर पल जीते जी मरना होगा

तेरे बिना

मेरा जीवन भी

क्या जीवन होगा?

अनु जुल्का

जीवन के सफ़र में

एक इस जीवन के सफ़र में

बिखरते ख़्वाव देखे

सिसकते जज़्बात देखे

रूठती हुई

ख़ुशियाँ देखीं

रिश्तों की उलझन देखी,

अपनों की बेरुख़ी देखी,

नाकामियों के मंजर देखे,

ना उम्मीदि के सागर देखे,

एक इस जीवन के सफ़र में

हज़ारों ख़्वाहिशों को मरते देखा,

अपने अस्तित्व की जदोजहद को देखा,

जब चाहा देखना

दिल के काग़ज़   अनु जुल्का

अपने हिस्से का आसमाँ

तो अपने इर्द गिर्द

सिमटते दायरों को देखा।

अनु जुल्का

अनर्थ

दिल हूँ मैं
और धड़कन हो तुम।
मेरी साँसो की
गर्मी हो तुम।
एक तरफ़ तो
मुझे
जान अपनी
कहते हो तुम,
फिर भी मेरे प्रेम पर
संदेह करते हो तुम।
यह कैसा
अनर्थ करते हो तुम?
धरती को उसके सूरज से
दूर
करते हो तुम।
ज़ख्मों पर
नमक भी
छिड़कते हो तुम ।
मेरे पैरों तले की
ज़मीन खिसकाते हो तुम,
साँसों को

मेरी मुझ से
अलग करते हो तुम।
यह कैसा
अनर्थ करते हो तुम?

अनु जुल्का

मेरे दिल के कागज़

कुछ ख्वाबों की स्याही, कुछ यादों का कलम,
कुछ धड़कनों की कहानी, कुछ चुप्पी का अल्फ़ाज़।
दिल के कागज़ पे उकेरी ये तस्वीर है,
जो बिन बोले भी, हर दिल की तहरीर है।

कभी रंगीन फ़िज़ाओं में बिखरे ये लम्हे,
कभी उदास साये में डूबी ये साँसें।
हर लफ़्ज़ में छुपा है एक एहसास,
ये हैं **मेरे दिल के कागज़।**

पल-पल का सफ़र, धड़कनों की धुन,
हर पन्ने पे बसी है ज़िंदगी की सुन।
ये किताब नहीं, दिल का आईना है,
जो तुम्हारे साथ बाँटने को मेरी दास्ताँ है।

पढ़ो इसे धीरे, महसूस करो इसे गहराई से,
क्योंकि ये लिखी गई है यादों की बयार से।
मेरे दिल के कागज़ पे लिखी ये कविताएँ ,
तुम्हारे बिन अधूरी है, तुम्हारे साथ पूरी है।

अनु जुल्का